# BEI GRIN MACHT SICH IHR WISSEN BEZAHLT

AF145711

- Wir veröffentlichen Ihre Hausarbeit, Bachelor- und Masterarbeit

- Ihr eigenes eBook und Buch - weltweit in allen wichtigen Shops

- Verdienen Sie an jedem Verkauf

Jetzt bei www.GRIN.com hochladen und kostenlos publizieren

Jan Froese

# Multiprojektmanagement am Beispiel von Logistik und IT

## Eine Einführung

GRIN Verlag

**Bibliografische Information der Deutschen Nationalbibliothek:**

Die Deutsche Bibliothek verzeichnet diese Publikation in der Deutschen National-
bibliografie; detaillierte bibliografische Daten sind im Internet über http://dnb.d-
nb.de/ abrufbar.

**Impressum:**

Copyright © 2015 GRIN Verlag, Open Publishing GmbH
Druck und Bindung: Books on Demand GmbH, Norderstedt Germany
ISBN: 978-3-668-00986-8

**Dieses Buch bei GRIN:**

http://www.grin.com/de/e-book/302502/multiprojektmanagement-am-beispiel-von-
logistik-und-it

**GRIN - Your knowledge has value**

Der GRIN Verlag publiziert seit 1998 wissenschaftliche Arbeiten von Studenten, Hochschullehrern und anderen Akademikern als eBook und gedrucktes Buch. Die Verlagswebsite www.grin.com ist die ideale Plattform zur Veröffentlichung von Hausarbeiten, Abschlussarbeiten, wissenschaftlichen Aufsätzen, Dissertationen und Fachbüchern.

**Besuchen Sie uns im Internet:**

http://www.grin.com/

http://www.facebook.com/grincom

http://www.twitter.com/grin_com

# Seminararbeit

### zum Thema

# Multiprojektmanagement am Beispiel von Logistik und IT – Eine Einführung

**vorgelegt von**

**J. Froese**

**Bearbeitungszeit: Januar 2015 - April 2015**

**Hamburg, 25. Mai 2015**

# Inhalt

# 1. Einleitung

Die DIN-Norm 69901-5:2009-01 beschreibt Multiprojektmanagement als einen organisatorischen und prozessualen Rahmen für die Organisation mehrerer einzelner Projekte. Im Multiprojektmanagement werden die einzelnen Projekte in Portfolios gebündelt. Während das Management von zeitlich befristeten Projekten Planung und Steuerung zur Aufgabe hat, gestaltet sich das Multiprojektmanagement wesentlich komplexer, da Auswahl, Planung, Steuerung und Überwachung der gesamten Projektlandschaft eines Unternehmens permanent unter der Berücksichtigung aller Einzelvorhaben durchgeführt werden müssen.

Für das Projektmanagement von Informationssystemen verfügt die logistische Praxis über umfangreiche Methoden, Werkzeuge und Erfahrungswissen. Darüber hinaus gibt es zu diesem Thema eine Reihe an sehr guten Büchern und Standard Trainings. Dagegen steht das Multiprojektmanagement in der Praxis und Wissenschaft kaum im Fokus. Dieser Umstand erstaunt, da neue Vorhaben heutzutage kaum „auf der grünen Wiese" stattfinden, sondern ganz im Gegenteil: Unabhängig von der Unternehmensgröße des Logistikers konkurriert jedes neue Projekt mit den bereits laufenden Vorhaben, um Ressourcen, Budget und Aufmerksamkeit. Da jeder Projektmanager aber nur an seinem Erfolg gemessen wird, entsteht eine Art Silodenken, das keinesfalls das Gesamtwohl des Unternehmens im Blick im Fokus haben muss, sondern lediglich partikular ist. Der nachfolgende Artikel nimmt diesen Umstand als Motivation, das Multiprojektmanagement näher zu betrachten.

Ausgangslage ist die typischerweise weit verzweigte Informationssysteme-Architektur, die sich in Unternehmen findet. Natürlich lassen sich nachfolgende Problembeschreibungen und Lösungsvorschläge abstrakt betrachten und auch auf andere Unternehmensbereiche übertragen, da es wohl kaum einen Bereich gibt, der ohne Projektarbeit, die zur Weiterentwicklung führt, auskommt.

Das Architekturbild ist stark vereinfacht und idealisiert. In der Praxis sind „gewachsene" Architekturen Standard, die im Englischen als „legacy" d.h. als *Erbe* oder eben weniger positiv als *Altlast* bezeichnet werden. Statt auf einem Server fußen die operativen Systeme auf einem über die Welt verteilten Serverpark. Das muss schon deshalb so sein, um bei technischen Ausfällen flexibel reagieren zu können. Die aufgelisteten Systeme sind selten nur einmal vorhanden, sondern meist in mehrfacher, untereinander nicht integrierter Anzahl, obwohl sie fachlich den gleichen Anwendungszweck haben.

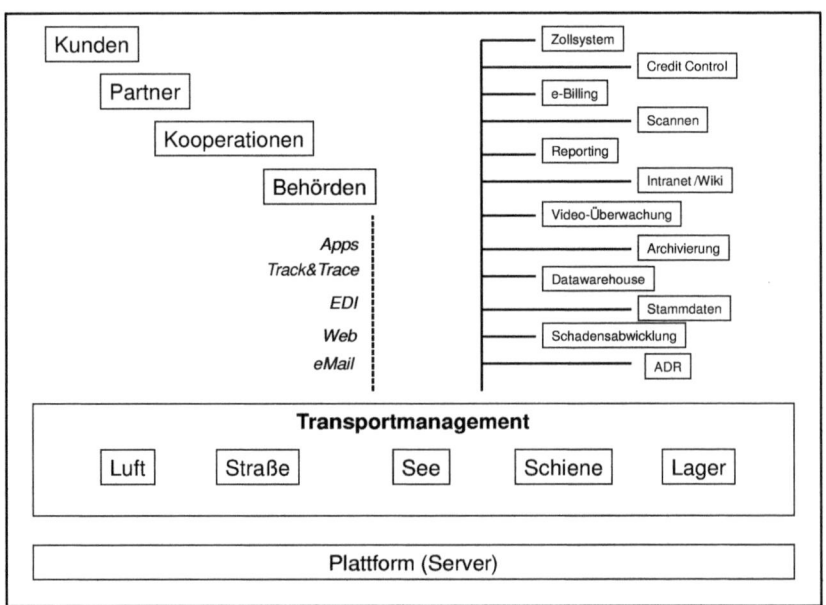

Abb. 1: Typische IT-Architektur in der Logistik (Eigene Darstellung)

Das Multiprojektmanagement hat in den letzten Jahren aus verschiedenen Gründen an Bedeutung gewonnen:

- In einem unstrukturierten Sammelsurium an Projekten summieren sich die Einzelrisiken zu einem unüberschaubaren Gesamtrisiko. Hier gilt es Transparenz für die Unternehmensleitung zu schaffen.

- Ein gewisser Anteil an Projekten hat gesetzliche Gründe (z.B. auf den Gebieten Gefahrgut, Verzollung, EU) und muss daher in die Gesamtplanung berücksichtigt werden, ggf. sogar wichtigen Kundenprojekten vorgezogen werden, obwohl kein direkter Nutzen entsteht.

- Insbesondere durch Unternehmenszusammenschlüsse (Mergers&Acquisitions) werden Einheiten mit ähnlichen oder sogar widersprüchlichen Projekten zusammengelegt. Ziel muss es sein, dieses Sammelsurium zu ordnen und gegebenenfalls überflüssige Projekte zu stoppen.

- Die sich immer stärker vernetzende Unternehmenslandschaft, in der Projektteams oft parallel auf die gleichen personellen Ressourcen und Informationstechnologie zugreifen und deshalb untereinander abgestimmt werden müssen.

- Die weltweite Verteilung von Standorten, die für die Logistik Branche spezifisch ist, führt dazu, dass Projektleiter in den Regionen nicht oder nur mit sehr hohem Rechercheaufwand wissen können, was projekttechnisch in den anderen Einheiten vorgeht. Hier muss die Kommunikation zwischen den einzelnen Standorten und der Unternehmensführung unterstützt werden.

- Die Projektleiter können bei steigender Anzahl an Vorhaben nur noch schwer ermitteln, was ein Scheitern ihres Projekts für das Unternehmen bedeutet, da sie die negativen Seiteneffekte nicht kennen.

Es wird eine klare Vergabe von Prioritäten an die Projektleiter benötigt und es ist nicht zu erkennen, wie sich ihr Vorhaben in das bestehende Portfolio eingliedert.

Der gewachsenen Bedeutung stehen eine große Zahl an Interessenten (Stakeholder) gegenüber, die ihre individuellen Interessen verfolgen, die nicht deckungsgleich sein müssen.

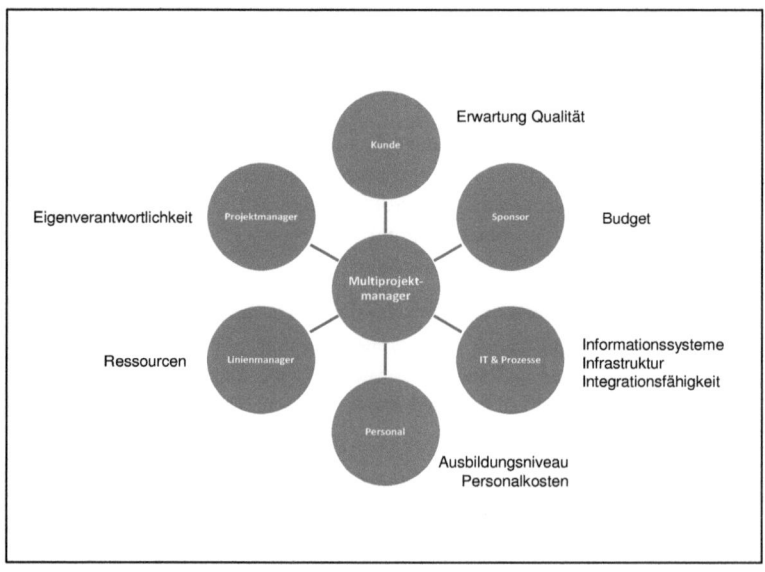

Abb. 2: Stakeholder des Multiprojektmanagements (Eigene Darstellung)

Im Mittelpunkt steht der Multiprojektmanager, der zwischen den teilweise widersprüchlichen Interessenlagen vermitteln muss. Beispielsweise ist es nur verständlich, dass der Projektleiter – der am Erfolg seines Projekts gemessen wird und nicht am Gesamterfolg aller Projekte – möglichst viel Freiraum bei der Erfüllung seiner Arbeit haben möchte. Das Verfassen von regelmäßigen Statusberichten für den Multiprojektmanager kann er als administrativen Zusatzaufwand empfinden. Der Multiprojektmanager steht also vor der Herausforderung, alle benötigten Informationen einzufordern, ohne unnötigen Formalismus zu erzeugen. Potentielles Konfliktpotential zwischen Multiprojektmanager und Linienmanager besteht auch darin, dass die Fachabteilung permanent personelle Ressourcen für die Projekte stellen muss, da es im Normalfall in Unternehmen keinen eigenen Mitarbeiterpool gibt, der alle laufenden Projekte abdecken könnte. Die Anzahl der Stakeholder ist hoch und dadurch somit ebenfalls die Anzahl der Zielkonflikte. Letztendlich ist der Multiprojektmanager auf den Rückhalt durch die Geschäftsleitung angewiesen, ohne die er nicht bestehen kann.

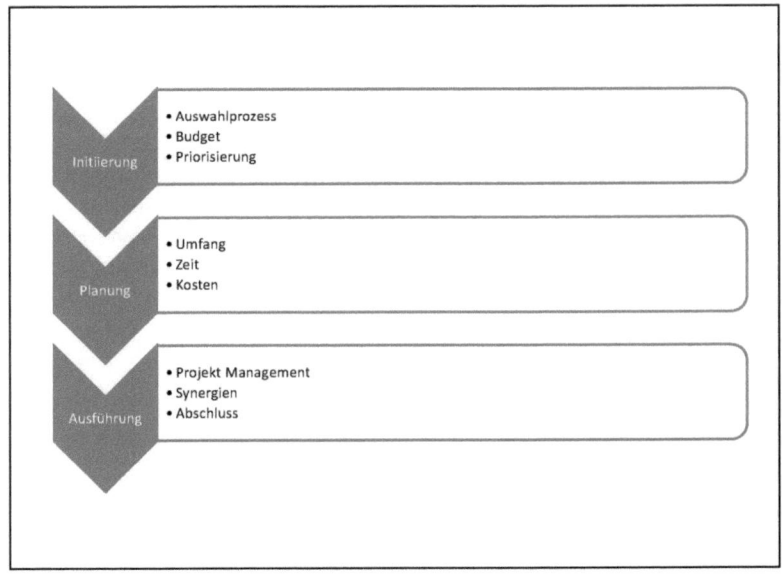

Abb. 3: Phasen des Multiprojektmanagements (Eigene Darstellung)

Das Multiprojektmanagement ist eine permanente Aufgabe und kann genau wie ein Projekt in die Kernphasen *Initiierung*, *Planung* und *Ausführung* unterteilt werden. Die Hauptarbeit des Multiprojektmanagers liegt in der ersten Phase (Initiierung). Wird ein neues Vorhaben angenommen, d.h. es wird zum Projekt, werden die Rahmendaten wie Zeit und Umfang festgesteckt, in der zweiten Phase (Planung) wird das Projekt an den zuständigen Projektleiter übergeben, der sich in der dritten Phase (Ausführung) um die Umsetzung kümmert. Es ist offensichtlich, dass die schwierigste Aufgabe darin besteht, überhaupt erst mal festzulegen, welche Projekte gemacht werden und wann (Priorisierung) sie realisiert werden sollen, da hier die oben beschriebenen Interessengruppen zusammengebracht werden müssen, ohne die strategischen Ziele des Unternehmens aus den Augen zu verlieren. Aus diesem Grund konzentriert sich dieser Artikel auch auf die Initiierungsphase.

Die Aufgaben des Multiprojektmanagers haben deshalb einen vollkommen anderen Schwerpunkt als die des Projektmanagers. Der Projektmanager muss sich normalerweise, wenn es sich um ein ausreichend großes Projekt handelt, voll und ganz auf sein Vorhaben konzentrieren und die gegebenen Rahmenbedingungen wie festes Budget, Leistungsumfang und Projektcharter beachten. Der Multiprojektmanager hat eine permanente Aufgabe, nämlich alle neuen Vorhaben abzustimmen ohne die bestehende Unternehmenslandschaft Risiken auszusetzen.

| Kriterium | Projektmanagement | Multiprojektmanagement |
|---|---|---|
| Anzahl Projekte im Fokus | 1 | 2-n |
| Laufzeit | Begrenzt | Permanent |
| Kosten | Festgelegter Budgetrahmen | Periodisch festgelegtes Gesamtbudget |
| Umfang | Festgelegter Leistungsumfang | Rahmenkonzept für Unternehmenslandschaft |
| Zieldefinition | Wird nach operativen, Anforderungen einzelner Bereiche gerichtet, idealerweise als SMART definiert | Wird nach Unternehmenszielen ausgerichtet, idealerweise nach Unternehmensstrategie |
| Rolle Synergien | Gering | Hoch (aus ähnlichen Projekten lernen) |
| Auftragsfestschreibung | Projektcharter (Hintergrund, Ziele, Meilensteine, Annahmen, Budget) | Umsetzung Fahrplan aus Unternehmensstrategie |

Abb. 4: Aufgabenschwerpunkte per Rolle (Eigene Darstellung)

# 2. Initiierung

Wird ein neues Vorhaben zur Beurteilung an den Multiprojektmanager gegeben, ist die zentrale Frage, ob es dem Unternehmen zu diesem Zeitpunkt nützlich, d.h. strategiekonform ist. Um hier zu einem fundierten Urteil zu kommen, muss eine Analyse durchgeführt werden, was sich konkret mit der Durchführung verbessern würde: Die Kundenbindung, die Produktqualität, die Kooperationen, die Markttiefe, die Marktweite, das Know-how, die Produktionskosten, die Lieferzeiten oder die Wettbewerbsfähigkeit. Was die Unternehmensleitung zukünftig als strategisch wichtig erachtet, kann selbst innerhalb der gleichen Branche ganz unterschiedlich sein, d.h. die Bewertung ist individuell und kann im Lauf der Zeit Veränderungen unterliegen.

Anschließend werden wirtschaftliche Überlegungen angestellt, beispielsweise kann es sein, dass ein Projekt als sehr nützlich für die Wettbewerbsfähigkeit des Unternehmens eingestuft wurde, aber zu teuer ist, weil die benötigten Ressourcen nicht verfügbar sind bzw. nur sehr teuer oder gar nicht am Arbeitsmarkt eingekauft werden könnten. Um diesen laufenden Auswahlprozess begleiten zu können, muss der Multiprojektmanager natürlich wissen, welches Budget er pro Planungsperiode zur Verfügung hat. Das verfügbare Budget kann aus der mittelfristigen Finanzplanung der Unternehmensleitung abgeleitet werden. Insbesondere, um bei jedem neuen Antrag, der stets mit einer groben Aufwands- und Kostenschätzung eingereicht werden sollte, zu wissen, wie viel Geld überhaupt noch „im Topf" ist. Wird ein Projektantrag aus Budgetmangel abgewiesen, dient der ausgeschöpfte Budgetrahmen als Argumentationshilfe, den Antragstellern den Ablehnungsgrund nahe zu bringen. Wird dies nicht akzeptiert, steht dem Multiprojektmanager immer noch der Weg offen, sein Management nach einem zusätzlichen Budget zu fragen.

Schlussendlich muss der Multiprojektmanager sicherstellen, dass keine verdeckten und ungewollten Abhängigkeiten zwischen den Einzelprojekten bestehen, da dies versteckte Risiken bedeutet. So eine Abhängigkeit könnte beispielsweise sein, wenn zwei Projekte für den gleichen Zeitraum eine Ressource aus einer bestimmten Fachabteilung einplanen, ohne zu erkennen, dass die Abteilung zwar aus mehreren Mitarbeitern besteht, das benötigte Know-how aber nur bei einem einzigen Mitarbeiter vorhanden ist und man auf dieses im Tagesgeschäft nur schwer verzichten kann

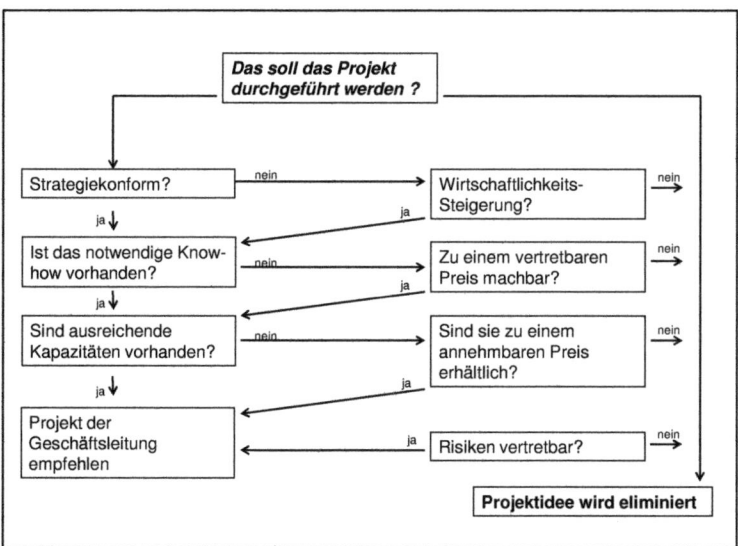

Abb. 5: Prozess Projektauswahl (Quelle: Lomnitz[1])

Hat sich das Unternehmen zu einem IT-Projekt entschlossen, legt es die taktischen Ziele fest, die damit erreicht werden sollen. Mögliche Ziele sind:

- Erhöhung von Umsatz und Volumen

- Höhere Profitabilität durch Synergien und Automatisierung

- Imagegewinn durch High-Tech

---

[1] Lomnitz, Gero: Multiprojektmanagement: Projekte erfolgreich planen, vernetzen und steuern, 2008

11

- Höhere Liefergeschwindigkeit

- Geringere Fehlerquote

- Zuwachs an Know-how und Technik

- Erweiterung des Produktportfolios

- Verlängerung der Wertschöpfungskette

Ziel ist es, diejenigen Projekte im Portfolio aufzunehmen, die für das Unternehmen sinnhaft, nicht widersprüchlich und gleichzeitig zu vertretbaren Kosten und vertretbarem Risiko umsetzbar sind.

Die Tätigkeit eines Multiprojektmanagers kann man in 4 Bereiche zusammenfassen. Diese umfassen *erstens* die Planung der Projektlandschaft, d.h. die Identifikation der notwendigen Vorhaben, positive und negative Einflüsse der geplanten Projekte untereinander (Risikoanalyse) und eine gesamte Kapazitäts- und Budgetplanung. In der Budgetplanung muss ein besonderer Fokus auf dem Einsatz externer Ressourcen liegen, da dies permanente Kostentreiber sind, die sich nur sehr schwer wieder reduzieren lassen, sind sie erst einmal eingeplant. Der Einsatz externer Mitarbeiter wird nicht selten als kurzfristige Überbrückung eines Ressourcenengpasses geplant und muss letztendlich jahrelang fortgesetzt werden, um immer wieder den nächsten Projektabschnitt terminlich halten zu können. Die ursprüngliche Übergangslösung wird so zum kostenintensiven Dauerzustand. *Zweitens* muss die Projektlandschaft gesteuert werden, indem der Multiprojektleiter Statusberichte aus den einzelnen Projekten regelmäßig einfordert und diese permanent auf Risiken analysiert. Wichtig ist, dass die Berichtsform strukturiert und über alle Berichte den gleichen Aufbau hat. Letztendlich ist die Kommunikation mit den Projektleitern in beide Richtungen offen, von ihnen kann der Multiprojektmanager nur einfordern, wenn er im Gegenzug auch Probleme für sie lösen kann. Das kann eine Vermittlung sein im Konfliktfall, eine eindeutige Stellungnahme, warum das eine Vorhaben umgesetzt wird, während ein anderes, ähnliches Vorhaben, abgesagt wurde oder Ressourcenschwierigkeiten auftreten. *Drittens* ist der Aufbau einer unterstützenden Umgebung (Infrastruktur) für das Projektmanagement notwendig, d.h. die Festlegung, welche Prozesse, Kennzahlen, Berichtsformulare und Softwareplanungstools unternehmensweit verwendet werden. Dazu gehört auch eine Einigung darüber, welches Vorgehensmodell gewählt wird. Eine Verwendung verschiedener Ansätze erschwert das Projektcontrolling, da z.b. das klassische Wasserfallmodell ein ganz anderes Erfolgsmess- und Statuswesen verlangt als beispielsweise die agile Methode Scrum. Während das Wasserfallmodell langfristig angelegt ist und sequentiell abzuarbeitende Phasen hat, zielt Scrum auf kurzfristige Implementierung von Benutzeranforderungen, sogenannter „stories". Da die Zielsetzung unterschiedlich ist – wie viel wird in welcher Zeit umgesetzt – unterscheiden sich auch die Bewertungen der Projektzustände. Desweiteren muss der Erfahrungsaustausch unter den Projektleitern gefördert werden, um zu einer Lernkurve zu kommen, dies beinhaltet auch die unangenehme Aufgabe, gescheiterte Vorhaben publik zu machen, um daraus zu lernen. Ein zusammenfassender Gesamtbericht über alle offenen Projekte sollte zumindest quartalsweise für die Unternehmensführung erstellt und präsentiert werden, um Transparenz zu schaffen und sich den Status quo abnehmen zu lassen. Und als *vierte* Tätigkeit sollte ein Projektoffice aufgebaut werden, das Dienstleistungen wie Beratung, Machbarkeitsstudien oder Projektleitung den internen Abteilungen anbietet, die dieses Know-how entweder nicht haben oder unter Ressourcenmangel leiden.

# 3. Planung

Der Planung kommt eine wichtige Bedeutung zu. Sie versetzt den Multiprojektmanager in die Lage, seinen verschiedenen Antragstellern Terminauskünfte geben zu können. Natürlich müssen alle Fertigstellungstermine mit den Projektmanagern abgestimmt sein, um nach außen ein geschlossenes Bild abzugeben.

Der Multiprojektmanager muss in dieser Phase Prioritäten für die Vorhaben festlegen, d.h. je nach Wichtigkeit und Dringlichkeit (Zeit) eine Reihenfolge der Abarbeitung definieren und kommunizieren. Dieses Ranking ist keinesfalls statisch, sondern muss permanent auf Aktualität und Sinnhaftigkeit überprüft werden. Selbst Vorhaben, die schon genehmigt waren und damit zum Projekt geworden sind, müssen gegeben falls wieder abgesagt werden. Der Grund ist, dass permanent neue, gute Ideen eingereicht werden; die Ressourcen und die Zeit zur Umsetzung aber begrenzt sind. Die bestehenden Projekte müssen in Zeitscheiben einsortiert werden. Das kann man beispielsweise mit folgendem Portfolio Ansatz geschehen.

## 3.1 Portfolio Ansatz

Auf der horizontalen Ebene liegt die Zeitachse, es gibt die aktuelle Periode (t=0), die nachfolgende Periode (t=1) und Projekte, die keine Erwartung bezüglich des Fertigstellungstermins haben (t=n). Die vertikale Achse zeigt die Wichtigkeit der Projekte, die verschiedene Ursachen haben können, wie Kundenwunsch, interner Optimierungsbedarf durch IT oder gesetzliche Vorgaben. In den Sektoren liegen die bisher bekannten Projekte (P1, P2, …, P20), deren Ranking überprüft werden muss.

Sektor I. und IV. haben eine höhere Anzahl an Projekten, was typisch ist, da der Arbeitsumfang für die laufende Periode besser bekannt ist, als in den zukünftigen Perioden.

14

Die Vorhaben in Sektor I. sind notwendig und haben wenig Zeitpuffer bis zum Fertigstellungstermin; mit ihnen muss unverzüglich begonnen werden. Sofern noch Ressourcen in der laufenden Periode verfügbar sind, kann der Multiprojektmanager die Projekte aus Sektor II. – die ebenfalls notwendig sind und gemacht werden müssen – in den I. Sektor rüber ziehen, allerdings ohne Engpässe zu riskieren bzw. sogar herauszufordern. Die Projekte im III. Sektor bleiben unangetastet und werden „geparkt" bis sie an der Reihe sind.

Die Vorhaben in der unteren Reihe (nicht notwendig bzw. nicht wichtig) sind schon schwieriger zu organisieren, da hier die Praxis zeigt, dass erhebliches Konfliktpotential vorhanden ist. Das Absagen von Projekten kann demotivierend auf die Antragsteller wirken – nach dem Motto „kaum eine unser Ideen wird umgesetzt, dann brauchen wir ja auch keine mehr einreichen" – und natürlich auf die betroffenen Projektleiter. Statt die Vorhaben im IV. Sektor abzusagen, können sie erst mal verschoben werden. Das gibt den Antragstellern Zeit, über Argumente nachzudenken und eine neue Entscheidungsfindung, anstoßen, ob das Vorhaben wirklich nützlich ist. Die Projekte in den Sektoren V. und IV. haben nur eine geringe Priorität und sind für „morgen" (t=1) bzw. „irgendwann" geplant und können abgesagt werden.

15

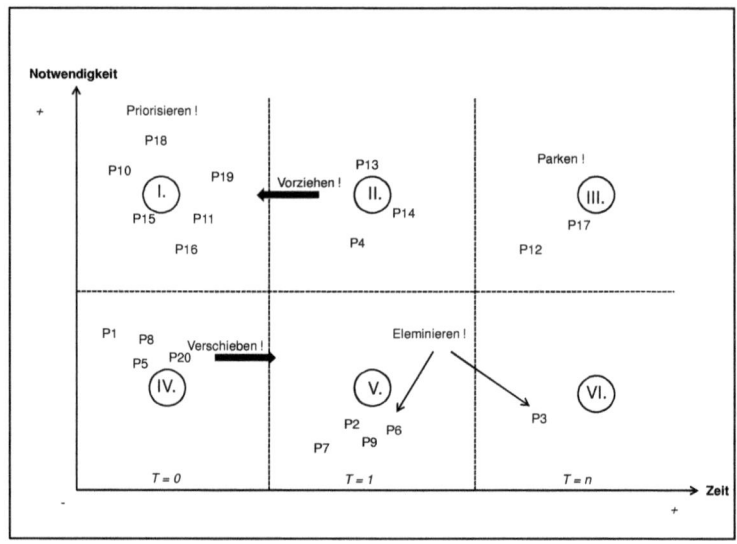

Abb. 6: Ranking der Projekte (Quelle: eigene Darstellung)

## 4. Umsetzung

Was der Multiprojektmanager tun kann, wenn Projekte nicht wie geplant laufen, hängt von der Art der Problemursache ab. Wenn es Terminprobleme gibt, bieten sich folgende Lösungswege an, den Fertigstellungstermin zu verschieben, mehr Ressourcen einzusetzen, Aufgaben auszulagern, Umfang oder Qualität zu reduzieren, Puffer auszunutzen oder Überstunden anzuordnen. Diese Methoden haben offensichtlich ihre Vor- und Nachteile, beispielsweise kann das Verrichten von Überstunden keine Dauerlösung sein, sondern höchstens einen kurzfristigen Engpass überbrücken. Das am häufigsten angewandte Mittel ist die Terminverschiebung, da Benutzer dies der Reduktion von

Funktionsumfang oder Qualität vorziehen, wenn sie vor die Wahl gestellt werden. Wenn es ein Budgetproblem gibt, sind mögliche Wege zur Lösung, das Budget zu erhöhen oder abermals Umfang oder Qualität zu reduzieren. Die Budgeterhöhung ist normalerweise ein adäquates Mittel, das den anderen Handlungsoptionen vorgezogen wird. Beispielsweise lassen sich Softwareentwicklungskosten relativ leicht reduzieren, indem man die Tests verkürzt oder ganze Teststufen (vergleiche V-Modell der Softwareentwicklung) wegfallen lässt, was aber der Akzeptanz der Benutzer nicht zuträglich ist und das gesamte Projekt sogar scheitern lassen könnte.

### 4.1 Qualitätssicherung durch Testen mit V-Modell

Im V-Modell werden erst die Geschäftsanforderungen zunächst immer detaillierter spezifiziert (Prozess auf der linken Seite der Grafik), dann umgesetzt (realisiert), um anschließend geprüft und getestet zu werden (Prozess auf der rechten Seite der Grafik).

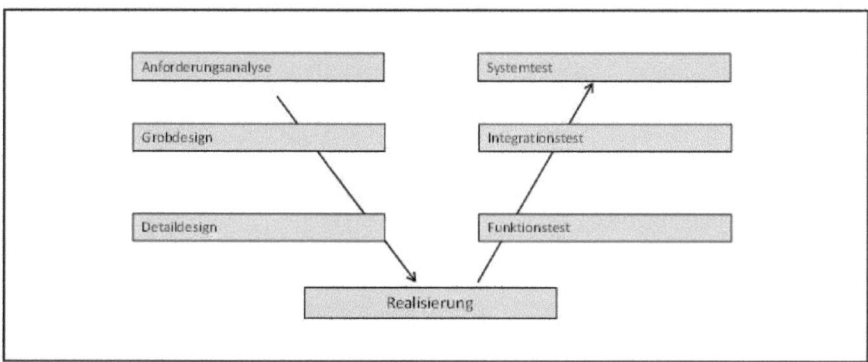

Abb. 7: V-Modell (Quelle: Barry Boehm[2])

---

[2] Boehm, Barry: V-Modell

## 4.2 Problemfall erhöhter Support

Um zusätzliche Ressourcen zu bekommen, kann der Multiprojektmanager seine Argumentation zum Management dahingehend wirtschaftlich untermauern, indem er aufzeigt, dass Sparen nicht immer vorteilhaft ist. Das soll nachfolgend anhand einer Grafik verdeutlicht werden. Im Bild 1 unten ist die Projektarbeit vor Go Live niedriger als in Bild 2, was aber zu einer Aufwandserhöhung des laufenden Betriebs nach Go Live führt. Die Phase nach dem Go Live, also die Nutzungsphase, ist wesentlich länger als die Projektphase. Damit ist der Aufwand der gesamten Lebensdauer des Systems in Bild 2 günstiger als in Bild 1. Systeme haben üblicherweise eine Lebensdauer von 10 und mehr Jahren, eine Einsparung des Supports in dieser Zeit kompensiert schon nach kurzer Zeit den erhöhten Startaufwand.

Die gesamte Aufwandsfläche in Bild 2 ist kleiner als in Bild 1.

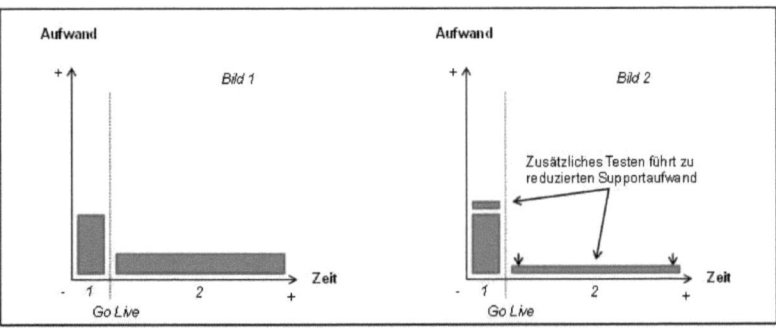

Abb. 8: Aufwand Support unzureichender Projekte (Quelle: eigene Darstellung)

Bei Qualitätsproblemen kann der Multiprojektmanager versuchen, Spezialisten einzusetzen, mehr Zeit zur Verfügung zu stellen, sich um Toolunterstützung zu kümmern (sofern noch nicht vorhanden), oder Leistungskontrollen zu verstärken. Letzteres ist offenbar eine sehr risikobehaftete Methode, da Kontrollen schnell zu Demotivation bei Mitarbeitern führen können und der agilen Projektkultur entgegensteht, die als Leitidee hat, dass Mitarbeiter Fehler machen dürfen, um aus diesen zu lernen.

Schlussendlich ist nach Beendigung eines Einzelprojekts eine Nachbesprechung und Bewertung (*Lessons Learned*) notwendig, die zum Thema hat, was innerhalb des Projekts und übergreifend über die gesamte (Multi-) Projektlandschaft gelernt wurde und zukünftig verbessert werden kann. Zielführende Fragen könnten so aussehen (vgl. Rump, J.; Lau-Villinger und WiPro):

- Wie sehr war das Projekt in das Multiprojektmanagement eingebunden und wurde vom Management unterstützt?

- Wie wurde im Projekt vorgegangen?

- Welche Faktoren und Bedingungen haben das Projekt gefördert?

- Wie konnten diese fördernden Faktoren vom Projektteam genutzt werden?

- Welche Schwierigkeiten tauchten im Projekt an welcher Stelle auf?

- Wie wurden diese Probleme vom Projektteam behoben?

- Waren die gefundenen Lösungswege zufriedenstellend?

- Was ließe sich verbessern?

- Welche Fehler wurden gemacht?

- Was waren die Ursachen?

- Was kann man daraus lernen?

- Wie ließen sich die Fehler vermeiden?

- Worauf sollten andere bei ähnlichen Problemstellungen achten?

- Wer kann von diesen Projekterfahrungen profitieren?

- Wie lassen sich die Projekterfahrungen am besten zusammenfassen und strukturieren?

- An wen sollen die Ergebnisse weitergeleitet werden?

Dies könnten Leitfragen sein, um Projekterfahrungen systematisch in Workshops aufzuarbeiten. Das lohnt sich vor allem für Projekte, die Qualitätsprobleme hinsichtlich des Umfangs, Zeit oder Kosten hatten, mit dem Ziel, es nächstes Mal besser machen zu können. So gerüstet, sollte einem erfolgreichen Multiprojektmanagement nichts mehr im Weg stehen.

# Literatur (inklusive weiterführender Literatur):

Hirzel, Matthias (Herausgeber); Sedlmayer Martin (Herausgeber): Projektportfolio-Management: Strategisches und operatives Multi-Projektmanagement in der Praxis, 2012

Hobel, Bernhard: Projektmanagement (PM), online im Internet: http://wirtschaftslexikon.gabler.de/Archiv/54978/projektmanagement-pm-v6.html, Abruf am 11.04.2015

Hobel, Bernhard: Multiprojektmanagement, online im Internet: http://wirtschaftslexikon.gabler.de/Archiv/139305/multiprojektmanagement-v7.html , Abruf am 11.04.2015

Boehm, Barry: http://vmodell.net/, Abruf am 02.03.2015

Lomnitz, Gero: Multiprojektmanagement: Projekte erfolgreich planen, vernetzen und steuern, 2008

Morgenroth, Karlheinz : http://www.enzyklopaedie-der-wirtschaftsinformatik.de/wi-enzyklopaedie/lexikon/is-management/Software-Projektmanagement/Multiprojektmanagement, Abruf am 12.04.2015

Seidl, Jörg: Multiprojektmanagement: Übergreifende Steuerung von Mehrprojektsituationen durch Projektportfolio- und Programmmanagement, 2011

Steinle, Claus (Herausgeber, Mitarbeiter): Handbuch Multiprojektmanagement und -controlling: Projekte erfolgreich strukturieren und steuern, 2014

Rump, J.; Lau-Villinger, D.: Management-Tool Wissensmanagement, Köln 2002

WiPro – Der Wissens- und Innovationsmanager: Lessons Learned